SUR LA NÉCESSITÉ

ET LES MOYENS

D'AFFAIBLIR LA PUISSANCE ANGLAISE

AUX INDES ORIENTATES.

« Les esprits les plus modérés regardent la production
» d'une idée nouvelle ou singulière, comme une ten-
» tative avec laquelle on ne doit que pressentir le goût
» du public. C'est un avertissement qu'on lui donne, que
» s'il tournait sa vue d'un certain côté, il pourrait y trou-
» ver des avantages jusqu'alors inconnus. En effet, les
» choses les plus utiles à la société sont négligées ; moins
» parce qu'elles sont difficiles, que parce qu'on n'y a pas
» fa it attention ».

DE LA CHAPELLE, *Disc. sur l'étude des Math.*

PAR LE VICOMTE MAURICE DU PARC,

OFFICIER SUPÉRIEUR EN 1815,

A L'ARMÉE ROYALE DE BRETAGNE.

1er MAI 1819.

SUR LA NÉCESSITÉ

ET

LES MOYENS

D'AFFAIBLIR LA PUISSANCE ANGLAISE

AUX

INDES ORIENTALES.

En perdant l'ascendant qui enchaîna si long-tems la volonté des autres nations de l'Europe, et qui même fit servir leur puissance à l'exécution de ses entreprises, la France s'est en même tems vu privée du pouvoir de transporter dans des contrées éloignées, ces masses imposantes de gens de guerre, habitués à concourir si puissamment à l'accomplissement de ses vastes desseins.

Entre les projets qu'elle avait conçus, ou ceux que des intérêts d'un ordre supérieur autorisent à attribuer à la politique du dernier gouvernement, il en est un qui ne saurait qu'être approuvé par la généralité des Français, parce qu'il semble juste et raisonnable.......Au premier aspect, il paraîtrait de nature à exiger plus particulièrement cette translation lointaine d'une nombreuse armée; mais je suis fondé à croire que son exécution peut s'effectuer par des moyens plus simples, les seuls dont *la France actuelle* puisse hasarder la tentative, sans compromettre l'intégrité de son territoire.

Ce projet aurait eu pour objet d'amener la destruction de l'espèce de souveraineté que les Anglais exercent dans la partie la plus commerçante des Indes Orientales; souveraineté qui leur donne non-seulement la faculté d'entretenir les autres nations de l'Ancien et du Nouveau Monde, dans un état continuel de troubles et de discordes, mais qui assure encore à ces avides insulaires le monopole des productions de l'Asie; tandis que les nations que je viens de citer sont raisonnablement en droit de prétendre à établir et à conserver, avec les habitans de l'Indostan, des relations directes d'intérêt, auxquelles l'industrie et les besoins respectifs des peuples devraient seuls être appelés à fixer des bornes.

Une révolution aussi essentielle au bonheur de toutes les nations a échappée à l'empire de la force qui nous assura tant d'autres succès, lorsque nous en avions encore le libre usage. Je me plais à penser que sa privation ne nous a pas ôté tout moyen de la déterminer; et je vais désigner ceux auxquels je reconnais le plus d'efficacité, pour atteindre un but, qui ne saurait être qu'honorable, puisqu'il se lie au bien-être de la majorité des hommes.

Il s'agirait premièrement de faire adopter aux peuples, tributaires des Anglais, une politique dont les Européens viennent de faire, contre la France même, un heureux bien que tardif essai. Il faudrait en conséquence les pénétrer de la nécessité d'étouffer toute animosité particulière, pour former entre eux une ligue, qui décuplerait des forces dont l'emploi isolé n'a tourné jusqu'ici qu'à leur préjudice.

On les affermirait, en second lieu, dans une opinion que leur amour-propre ne peut manquer de leur avoir déjà inspirée : C'est que la nation qui les tient asservis sous le joug d'une humiliante servitude, n'a cependant sur eux qu'une supériorité de circonstance, qui s'évanouira promptement, lorsque les peuples de l'Inde auront adopté et nos armes et notre tactique militaire.

Nous n'aurions plus, dès-lors, qu'à nous charger du soin de mettre à leur portée l'étude d'un art, dont leurs oppresseurs s'efforcent de leur dérober la connaissance ; et en même tems qu'on s'attacherait à adapter à nos manœuvres la méthode d'enseignement la plus susceptible de les leur rendre bientôt familières, on aviserait aussi aux moyens d'inspirer aux Indous le vif désir de l'indépendance.

Tout porte à croire que nous vivons précisément dans le tems le plus favorable à l'exécution d'un tel projet, ainsi qu'à la fructueuse propagation de cette idée d'affranchissement aussi active à se communiquer de climats en climats, que capable d'enfanter dans tous les siècles et chez tous les peuples des miracles de valeur.

Les trônes de l'Europe se dépouillent à l'envi d'anciennes prérogatives qui, dans l'origine, furent sans doute des titres de protection en faveur des peuples; mais qui maintenues, de nos jours, deviendraient peut-être à leur égard des moyens d'oppression.

Nous voyons la moitié du nouveau monde soutenir, à l'exemple de l'autre, une guerre à outrance dont le but est de la soustraire à la dépendance de l'ancien continent.

Il est à remarquer qu'en ce moment plus que jamais, tous les états ont un intérêt presque égal à arracher l'empire des mers à ses anciens possesseurs ; *à la suprématie desquels l'instabilité des choses humaines a fixé un terme inévitable, que doit nécessairement accélérer un effort simultané de la part de ses adversaires.*

Après avoir vaincu leurs antagonistes dans cette lutte mémorable du continent, où Washington s'immortalisa dans la mémoire des hommes, les républicains des Etats-Unis se sont encore fréquemment mesurés avec avantage contre les forces maritimes de la Grande Bretagne, et leurs flottes militaires et marchandes bravent aujourd'hui la puissance de cette même nation, qui jadis s'opposa sans succès à leur émancipation.

L'empereur Alexandre, devenu en quelque sorte le légataire universel de Bonaparte, poursuit avec moins d'ostentation peut-être, mais aussi avec plus

de mesure et de fruit, l'application du système con-
tinental. Ses efforts tendent encore à assurer la
splendeur d'une marine dont l'activité ne restera
pas sans aliment, lorsque, dans un tems peu reculé
sans doute, son matériel aura acquis le degré
convenable d'accroissement.

Le gouvernement de St. Domingue une fois con-
solidé, cette île ne saurait se passer d'une marine
susceptible de devenir formidable, lorsque la cul-
ture de ses productions sera florissante, et que son
territoire sera soumis à une domination unique.
Or, il est aisé de préjuger ce qui en résultera, en
admettant que ses intérêts ne peuvent qu'être en
opposition avec ceux d'un peuple qui pense avoir
droit de courtage partout où il ne possède pas celui *plus lucratif* de souveraineté.

Les secours que les Anglais prêtent à l'insurrec-
tion de l'Amérique méridionale, sont loin d'appe-
ler sur eux la gratitude de l'Espagne.

Mais, d'un autre côté, il est hors de toute pro-
babilité que les Américains du midi, bientôt réu-
nis en corps de nation, et la tête encore remplie des
souvenirs de leurs récens triomphes, consentent à
n'avoir secoué le joug de la métropole que pour se
rendre tributaires du machiavélisme de ces Anglais,
naturellement portés à neutraliser les moyens que
les Américains pourront avoir pour étendre au-delà
des mers leurs relations commerciales et politiques.
Ces derniers ne tarderont pas à s'affranchir de
toute obligation envers une nation habituée à ne
rompre des chaînes que pour en imposer de plus

pesantes; et le jour ne saurait être éloigné, où ces mêmes Indépendans, après avoir conquis leur affranchissement intérieur, se montreront encore avec une heureuse audace sur cette arène liquide, où se balança si souvent l'Empire du monde.

C'est donc au moment où tant d'élémens semblent concourir à l'anéantissement de la nation la plus envieuse de notre perte, et tandis qu'elle poursuit en silence son plan de destruction envers la France, que nous devons redoubler d'efforts pour consommer sa ruine.

A l'imitation des Romains dont les armes variaient en raison des habitudes guerrières des peuples qu'ils avaient à combattre, il faut que notre droiture naturelle fasse quelques concessions à une politique plus astucieuse.

Rappelons-nous qu'un Grec célèbre recommandait de se couvrir de la peau du renard, lorsque celle du lion n'amenait pas au but désiré.

Quels fruits la France, qui naguère promenait ses foudres destructives par toute l'Europe, a-t-elle retiré de cet appareil alors si redouté de sa puissance ?

Le souvenir d'une gloire peu commune est sans doute bien propre à la consoler dans ses revers; mais que n'a-t-elle pu du moins acheter au prix de ses malheurs la chûte de son implacable ennemie ?

La France et l'Angleterre, aussi intéressées à assurer leur mutuelle décadence que le furent jamais Rome et Carthage, n'ont encore perdu aucune occasion de se nuire.

Or, l'animosité qui existe entre ces deux nations n'ayant éprouvée aucune altération à travers des siècles d'existence, l'on ne doit y prévoir un terme, que lorsque l'une d'elles aura subi le sort de la rivale de Rome. Il est conséquemment de toute prudence de chercher à gagner de vîtesse nos voisins d'Albion, et de ne négliger aucun des moyens qui offrent quelqu'apparence de succès, pour amener au moins le décroissement de leur effrayante puissance ; et cela même, alors qu'ils semblent vouloir assoupir notre active vigilance par de faux semblans de paix et d'amitié.

Cette vérité, dont l'importance mérite bien une attention soutenue de notre part, n'avait pu échapper à Leibnitz, qui soumit à l'examen du Roi de France un projet qu'il avait conçu, et dont l'exécution, en réunissant par un canal la mer Rouge à la Méditerranée, nous ouvrait une route courte et facile dans l'Inde, et nous assurait dès-lors les moyens de paralyser la prépondérance que les Anglais s'étaient déjà acquise dans ces contrées.

Ce projet textuellement rapporté dans un ouvrage publié à St. Pétersbourg, sous le titre de *Napoleon Buonaparte wie er leibt und lebt und das franzoesische Volk unter ihm*, a donné lieu à cette fameuse campagne d'Egypte qui tourna à la vérité à notre détriment, quoiqu'elle fût de nature à être dirigée au grand préjudice de l'Angleterre.

Chargé, peu de temps avant la campagne de Russie, de la traduction d'un ouvrage sur la Livonie et et l'Esthonie, destiné à fixer les idées de

Napoléon sur la statistique de ces contrées, j'eus alors les moyens de me convaincre que les plans de Leibnitz n'étaient pas étrangers aux causes qui nous attirèrent à Moscou.

Le mauvais succès de ces deux entreprises, ne doit pas faire considérer comme chimérique la conception à laquelle elles durent en grande partie leur existence; mais pour se flatter de réussir dans la mise à exécution d'un projet qui n'a peut-être avorté, que par une coupable négligence des modifications et des accessoires destinés à le porter au degré de maturité convenable, il est évident qu'il faudrait, avant tout, s'assurer *d'un centre d'opérations* voisin de cette partie de notre hémisphère, dont nous avons un si pressant intérêt à changer l'organisation politique.

Aucun pays ne saurait mieux remplir nos vues à cet égard que le *Royaume de Perse.*

Sa position géographique, les nombreuses analogies que les Persans ont avec nous, et qui les ont fait surnommer *les Français de l'Orient*, le souvenir des relations d'amitié que nous avons entretenues avec eux, le bon esprit que leur gouvernement a développé depuis peu, en faisant d'heureuses tentatives pour introduire dans les manœuvres de ses troupes, les changemens essentiels dont l'importance était indiquée par des notions militaires recueillies en France au temps de ses plus éclatans triomphes, tout s'accorde en général à signaler cet empire comme un auxiliaire aussi puissant que dévoué à une politique également intéressante pour les deux nations ; et tout semble encore faire augurer que, étayés de notre appui et enrichis de nos lumières, les Persans seraient bientôt élevés au niveau des peuples les mieux aguerris.

Ce qui manque aux Asiatiques, ce ne sont ni les forces physiques, ni le courage, ni la volonté de s'affranchir d'un joug qui leur pèse de plus en plus, *mais uniquement la connaissance des arts les plus propres à élever ces moyens à la dernière puissance de leur valeur.*

C'est particulièrement au secours de quelques-unes de nos corvettes, et aux talens d'un Evêque et de plusieurs officiers de marine français qui se dévouèrent à sa cause, que le souverain actuel de la Cochinchine, autrefois fugitif sur les rives de la Seine, est redevable du bonheur d'être enfin parvenu à précipiter du trône l'usurpateur qui l'expulsa jadis de ses états, et dont les derniers efforts furent encore soutenus par une armée de près de 3oo,ooo hommes.

Les Anglais en stipulant, dans leur dernier traité de paix avec les Marattes, que ce peuple guerrier ne prendrait aucun Européen à sa solde, ont par là-même dévoilé le secret de leur force et de leur faiblesse! *C'était en quelque sorte avouer à la face du monde, que, aidés de notre génie et de nos talens militaires, les Orientaux leur étaient redoutables.*

La méthode d'enseignement mutuel, récemment appliquée à l'instruction des troupes du Nord, leur a valu des progrès rapides dans les sciences dont on a jugé à propos de leur inculquer une connaissance plus ou moins approfondie.

Cette vérité reconnue, et en admettant également comme chose à peu près évidente, ce que j'ai dit plus haut, ne conviendrait-il pas que la France, profitant de la politesse que vient de lui faire la Perse en lui envoyant un ambassadeur, fît à son tour passer dans cet État un envoyé, dont la mission ostensible pût servir de voile à ses instructions secrettes, qui auraient pour objet d'entretenir chez le jeune Prince, héritier présomptif du trône, cette noble émulation dont il a fait preuve, en se montrant aussi avide de connaissances qu'animé du désir de signaler l'extrême activité de son génie, par une administration et des actions également dignes d'un grand Prince et d'un vaste Empire.

Ce premier point arrêté, il serait, je pense, également convenable que le Gouvernement français fît traduire en persan et en arménien, ceux de nos ouvrages de stratégie, manœuvres, discipline, administration militaire, service intérieur des corps, etc. etc., dont une longue expérience nous a fait apprécier la bonté fondamentale, et dont quelques années de paix et de réflexions nous ont donné le loisir et les moyens de faire disparaître les légères imperfections. Les inclinations favorites du Prince dont je viens de faire mention, en garantissent l'accueil favorable et l'application instantanée aux besoins de ses armées.

Il ne serait probablement pas sans efficacité de

faire passer dans les Etats de ce Prince (mais sans que rien annonçât qu'ils y fussent aucunement stimulés ou autorisés par le gouvernement Français), ceux de nos officiers en inactivité que leur ardeur et leur ambition porteraient à tenter la fortune hors des routes ordinaires ; dont le patriotisme garantirait à la patrie un emploi de leurs moyens utile à ses intérêts, et dont l'instruction serait encore de nature à lui faire honneur, en même tems qu'elle contribuerait à accélérer l'accomplissement du dessein proposé.

Certainement, avant qu'il soit peu, plus de cent mille hommes d'infanterie seraient initiés en Perse dans tous les secrets de l'art des combats ; et cet art une fois *popularisé*, pour ainsi dire, dans une des contrées les plus influentes de l'Orient, se propagerait de lui-même, par tout l'Indostan, avec une rapidité et une force d'accroissement, qu'aucune opposition ne serait capable d'arrêter ou détruire.

Il me reste à parler du moteur que je regarde comme le plus puissant, pour déterminer l'action de ces puissances éloignées, et pour assurer le bon effet de cette espèce de *propagandisme politique*.

Je considère *les enfans trouvés ou abandonnés*, comme étant le plus susceptibles d'y être utilement employés.

Dans les tems critiques de la République, les Romains prononçaient l'affranchissement de leurs esclaves, dès-lors appelés, de concert avec les anciens citoyens, à conquérir par la voie des armes le salut de leur nouvelle patrie.

Elevons aussi au-dessus de leur condition ordinaire, et ennoblissons par le moyen infaillible de l'éducation, cette triste partie de notre population, qui tient le dernier rang dans la société, et que l'humiliation de son origine, jointe à des principes communément très-relâchés, n'entraîne que trop souvent à une conduite qui en fait tôt ou tard le fléau et la honte de l'espèce humaine.

Nous comptons en France environ 40,000 orphelins ou enfans abandonnés de sexe masculin.

Napoléon, pensant que la France devait retirer quelque utilité de ceux à qui la patrie accordait non-seulement la protection commune à tout citoyen, mais à qui elle prodiguait encore les secours qui rentrent dans les attributions des chefs de famille, les avait en partie enrégimentés sous la dénomination de Pupilles de la Garde.

Bloqué dans Wesel en 1813 et 1814, j'y ai vu un bataillon de ces pupilles, et je leur dois la justice d'affirmer que, malgré le dénuement auquel ils furent particulièrement réduits, le caractère militaire de ces enfans conserva constamment une attitude de dignité, qui leur attira la vénération des vieux soldats.

Après avoir éprouvé par le moyen prompt et facile de l'enseignement mutuel, le degré d'aptitude et d'intelligence de la masse des enfans trouvés répandus dans les départemens, l'on pourrait prendre parmi eux un corps d'élite de 6 à 8,000 individus. Ils seraient choisis en raison de ce que leurs dispositions physiques, la force reconnue de leur caractère, et l'application dont ils auraient donné des preuves, les auraient rendus plus recommandables.

Ceux-ci seraient dès-lors élevés, de manière à acquérir *la partie la plus essentielle* des différentes connaissances que le Gouvernement exige des individus qu'il admet dans ses corps d'artillerie et du génie, en qualité d'officiers. Ils seraient en même tems instruits dans les manœuvres d'infanterie.

L'enseignement mutuel réunissant à l'avantage incontestable de transmettre la connaissance des choses avec le plus de rapidité possible, celui de la faire acquérir à peu de frais, serait de rigueur pour leur instruction.

Par suite d'arrangemens pris à cet égard avec les Gouvernemens qui voudraient y souscrire, le quart environ de ces mêmes enfans parvenus à 10 ou 12 ans, pourrait être échangé contre d'autres orphelins étrangers du même âge. Cet échange momentané fournirait aux nôtres les moyens d'acquérir, presque sans travail, une connaissance exacte des langues vivantes en usage sur le continent, et donnerait en même tems à la France la faculté d'employer pendant leur absence les enfans étrangers, tant pour communiquer leur idiome aux orphelins Français destinés à parfaire leur instruction dans l'intérieur du royaume, que pour en étendre autant que possible la connaissance, en les employant, pour cet objet seulement, en qualité de moniteurs dans tous les établissemens publics d'enseignement mutuel qui existent en France.

Les rapports multipliés que le commerce, la curiosité, les arts et surtout les évènemens politiques ont établis de nos jours entre toutes les nations, diminuent singulièrement l'importance des langues mortes, et prescrivent à toutes les classes de la société de ne rien négliger, pour parvenir à une connaissance familière des différens idiômes en usage chez les contemporains.

L'on ne saurait disconvenir que le Français est de tous les peuples celui qui a toujours le plus négligé une pareille étude ; aussi le projet de généraliser parmi nous la connaissance des principales langues vivantes, présenterait déjà un immense avantage, lors-même que son exécution n'offrirait pour tout résultat que celui de nous faire aller, à cet égard, de pair avec les puissances limitrophes.

Néanmoins, comme l'étude toute particulière du persan (à laquelle une partie de nos orphelins s'adonnerait au moyen des échanges proposés), est des plus nécessaires pour assurer complettement l'opération projettée ; et que plus ce projet serait secret, plus il serait aussi susceptible d'amener des résultats d'autant plus heureux pour nous, qu'il serait plus funeste à un ennemi habitué à établir le calcul de sa prospérité sur celui de notre décadence ; un échange général serait encore d'une nécessité rigoureuse, comme pouvant seul offrir l'avantage de ne pas trahir une préférence qu'il importerait donc beaucoup de cacher.

Les divers élèves une fois parvenus au dégré d'instruction que l'on se serait proposé d'atteindre, la majeure partie en serait employée comme moniteurs-instructeurs, tant dans les armeés que dans les écoles préparatoires de la Perse.

Un certain nombre d'entre eux, choisi parmi les plus entreprenans et les plus capables, étayé des secours et des conseils d'une sage prévoyance, serait de là lancé en aventuriers dans les différentes contrées de l'Inde. Ceux enfin, qu'il plairait au gouvernement de garder en France, après avoir préalablement exercé avec succès les fonctions de moniteurs pour l'enseignement des langues étrangères, pourraient ensuite être encore utilement *employés dans nos armées à titre d'Interprètes.*

Les exemples assez multipliés d'individus sortis du néant, auxquels des talens parfois médiocres ont procuré de grandes fortunes dans l'Inde, enflammeraient ces jeunes gens d'un sentiment d'émulation, propre à les déterminer à toute tentative, comme à leur garantir tous les succès qui couronnent communément les entreprises audacieuses.

Pénétrés de l'idée que le malheur de leur naissance et l'entier dénuement qui accompagna leur entrée dans la vie leur fermait, sous d'autres auspices, toutes les issues de la fortune, le pressentiment d'un avenir que leur amour-propre les porterait à envisager avec satisfaction, puisqu'il ne serait borné qu'en raison de leur génie, de leur valeur et de leurs talens, inspirerait à ces enfans une extrême reconnaissance pour une patrie dont la politique aurait donné à leur étoile une direction si inespérée.

Soyons assurés que, heureux dans leurs entreprises,

comme l'exprime certain proverbe, la gloire qui
en résulterait, et les richesses acquises par leurs
travaux, ajouteraient encore quelques anneaux à la
chaîne de nos triomphes et de nos prospérités.

NOTE.

EXTRAIT d'un *Mémoire sur l'invasion de l'Inde*, par M. Macdonald Kinneir, *Voyageur Anglais.*

« Il y aurait une circonstance qui pourrait pro-
» curer aux Russes une influence puissante sur
» le royaume de Perse, si elle ne le réduisait
» pas même entièrement à leur autorité ; je veux
» parler des dissensions intestines qui agiteront
» probablement la Perse à la mort du Prince ac-
» tuel. *En appuyant les prétentions de l'un des*
» *compétiteurs à la couronne, les Russes pour-*
» *raient profiter de la supériorité de leur tactique*
» *et de leur discipline, pour placer à la faveur de*
» *cette confusion, une de leurs créatures sur le*
» *trône.* Mais il faudrait encore plusieurs années
» et de vigoureux efforts (en supposant que nous
» ne prissions aucune mesure de précaution), avant
» que le pays soit pacifié et organisé de manière
» que l'Empereur de Russie puisse s'engager dans
» une entreprise aussi hasardeuse qu'une invasion
» dans l'Inde. *Je ne puis cependant disconvenir que*
» *les Persans ne saisissent avec avidité une propo-*
» *position de cette nature.* La soif du pillage,
» l'exemple de Nadir-Châh, l'idée qu'ils se sont
» faite de la richesse et de la faiblesse de nos pos-
» sessions de l'Orient, que de motifs pour les
» lancer dans cette entreprise. *C'est surtout de leur*
» *côté que nous avons le plus à craindre à mon*

» *avis.* Il est donc dans notre intérêt de prévenir
» autant que nous le pourrons, l'introduction de
» la tactique européenne dans ce royaume. *Une*
» *armée Persanne disciplinée à l'européenne, et*
» *commandée par des officiers de cette partie du*
» *monde, serait sans doute le plus formidable en-*
» *nemi que nous aurions encore rencontré dans*
» *les plaines de l'Indostan;* et quoique la possession
» de ce pays n'offre qu'un avantage illusoire à
» une puissance Européenne privée des moyens
» d'entretenir une communication maritime, *la*
» *Russie pourrait bien avoir le projet de nous priver*
» *de ce qu'elle regarde comme une des principales*
» *sources de nos forces.*

A Besançon, de l'Imprimerie de CHALANDRE.

www.ingramcontent.com/pod-product-compliance
Lightning Source LLC
Chambersburg PA
CBHW051439060726
47596CB00006B/2556